LA
République
Universelle

Démocratique et Sociale

DE

JÉSUS-CHRIST

PAR

J.-ÉDOUARD FAYET

~~~~~~~~

Prix : 1 franc

~~~~~~~~

DÉPOT GÉNÉRAL :

LIBRAIRIE PAUL DUPONT, 4, RUE DU BOULOI, PARIS

et dans toutes les librairies

—

1899

La République Universelle, Démocratique et Sociale

LA
République Universelle

Démocratique et Sociale

DE

JÉSUS-CHRIST

PAR

J.-ÉDOUARD FAYET

Prix : 1 franc

DÉPOT GÉNÉRAL :

LIBRAIRIE PAUL DUPONT, 4, RUE DU BOULOI, PARIS
et dans toutes les librairies

1899

La République universelle

DÉMOCRATIQUE ET SOCIALE DE JÉSUS-CHRIST

LIBERTÉ, FRATERNITÉ ET CHARITÉ

> « L'esprit du Seigneur est sur moi, c'est
> « pourquoi il m'a oint, il m'a envoyé
> « pour annoncer l'Évangile aux pauvres,
> « pour guérir ceux qui ont le cœur brisé,
> « pour publier la liberté aux captifs, et le
> « recouvrement de la vue aux ignorants,
> « pour renvoyer libres ceux qui sont dans
> « l'oppression et pour publier l'année favo-
> « rable du Seigneur. »
>
> (*Évangile selon saint Luc*, chapitre IV,
> versets 18 et 19.)

Aussi loin que puisse remonter l'histoire, nous trouvons la servitude de la femme, l'esclavage des races, l'oppression des pauvres, l'humiliation des indigents, une inégalité de condition, qui semble établir entre les castes des nations des différentes conditions.

Jésus-Christ paraît; il introduit sur la terre la liberté, la fraternité, la charité, il émancipe la femme et la met à l'égale de l'homme, affranchit l'esclave, délivre l'indigent, sauve l'ignorant du joug de la science, fait disparaître les frontières qui séparaient les nations en leur disant : « Vous êtes tous des frères, aimez-vous les uns et les autres et ne vous déchirez point. Vous êtes tous enfants de Dieu. »

Il élève le prolétaire à la dignité de la personne, il fonde l'égalité jusqu'alors incomprise, il établit sur les ruines de l'égoïsme la doctrine la plus consolante, la plus parfaite que l'imagination put envier.

L'amour n'était qu'un entraînement charnel, sans poésie et sans grandeur. Jésus-Christ fait descendre du ciel un feu nouveau, qui embrase les cœurs, qui exalte les intelligences et qui fait ici-bas de l'amour pur et légitime l'ineffable avant-goût de la contemplation éternelle.

Il divinise le pardon, la douleur s'affaissait sur elle-même au chevet du mourant, sans autre secours que le désespoir; Jésus-Christ prononce cette phrase céleste : « Heureux ceux qui souffrent et qui sont dans l'affliction, car ils seront consolés. »

Ne contestons pas à quelques hommes difficiles le droit de douter de cette croyance générale, on a tout dit sur la religion du Christ et sur son admirable fondateur.

Le xviiⁱ siècle s'est rué sur cette proie dans l'espoir de l'anéantir, mais Jésus avait planté sa croix si haut que nul n'a pu l'atteindre et nul ne l'atteindra.

Le christianisme a survécu à ses détracteurs ; ses principes sont le fondement de notre civilisation, ses dogmes préoccupent les plus hautes intelligences, son avenir est riche en féconds développements et en semences précieuses.

Jésus-Christ ne fût-il qu'un homme, qu'il mériterait des honneurs publics, et tant qu'il existera sur la terre une certitude historique, les merveilles de sa vie et de sa mort mériteront de trouver une place plus grande dans la foi de tous les rangs.

Comme on le voit, Jésus-Christ a prêché toute sa vie l'indépendance, la charité à toutes les nations, malheureusement le premier républicain du monde est méconnu par le socialiste actuel, qui cherche à éloigner de ces principes le fondateur du socialisme.

La République sociale, sans croyances, sans grandeur d'âme, sans la sagesse, fait l'effet de l'insensé qui a bâti sa maison sur le sable et voit son édifice s'écrouler après avoir bien travaillé à le consolider.

La religion catholique romaine est sans conteste la plus belle, la plus entraînante pour élever les âmes à Dieu; malheureusement, les ministres chargés de l'enseigner en ont fait une marchandise qu'ils vendent à tous prix à bureau ouvert. Jésus le défend d'une manière formelle, quand il dit à ses disciples : « Allez, prêchez l'Évangile en mon nom dans toutes les villes, instruisez les nations; vous avez reçu ces dons gratuitement, donnez-les gratuitement et n'en faites pas une marchandise. »

Prenons modèle sur la Suisse pour sa belle République démocratique et sociale ; dans sa sagesse, elle a conservé ses anciennes traditions; à l'école, la classe commence et finit par la prière; au tribunal, la séance commence par la prière, dite par le président, où tout le monde s'incline respectueusement et demande à Dieu de l'inspirer, afin de ne pas condamner un innocent.

En France, en 1884, un homme par trop célèbre fait enlever des écoles les Christ sur la croix, et fait dire par la bouche des maîtres aux élèves qu'il n'y a pas de Dieu créateur, que le monde a toujours existé et qu'il existera ainsi en se renouvelant sans cesse. Libre à lui de douter d'une croyance universelle, s'il avait laissé la morale, la croyance aux enfants, pour faciliter les mères de famille d'élever leurs enfants dans la sagesse et le respect qu'ils doivent à leurs père et mère, et faire ainsi des bons citoyens dévoués au principe républicain.

Qu'est-il arrivé à la suite de ce nouveau programme, les jésuites en ont jubilé : « La République est à nous, maintenant! » disaient-ils. Ils ne se trompaient pas; depuis, les écoles chrétiennes ont triplé, on voit aujourd'hui le fruit du nouveau programme.

La République démocratique et sociale y a perdu et a donné un essor formidable à l'anarchie.

J'ai vu un 14 juillet, dans un banquet des vrais républicains, jeunes encore, crier : « Vive la République démocratique et sociale! » et un grand nombre de la nouvelle école, crier : « Vive la commune, vive l'anarchie, à bas les riches ! » Cette dernière grossit tous les jours le nombre des voyageurs pour la Nouvelle aux frais de la nation.

Des réformes s'imposent, ou une révolution sociale sera inévitable.

GÉOLOGIE OU SCIENCE INFUSE

Il y a environ 140 millions d'années que Dieu détacha du soleil une étincelle qui tomba dans l'espace; arrivée à destination, cette nébuleuse se mit à tourner sur elle-même, attirant à elle par sa vitesse les corps qui étaient nécessaires à sa formation.

Par l'effet centrifuge, la terre en sa vitesse s'aplatit aux deux pôles, un orifice au centre d'un pôle à l'autre traversait la nébuleuse; ce siphon lui était nécessaire pour alimenter son foyer qui ne s'éteindra qu'à la maturité de la terre; après quelques millions d'années la nébuleuse se refroidit à la surface.

Une couche d'eau et de sel commençait à entourer la terre en formation, l'eau cherchait à pénétrer au centre, elle était immédiatement changée en vapeur et donnait naissance à l'oxygène, le sel restait et fermait la première coquille.

Par suite des éboulements constants à l'intérieur, l'eau était toujours rejetée à la surface en vapeur, cette vapeur d'eau finit par faire cette couche d'air qui entoure la terre et le sel forma une seconde coquille.

Après 100 millions d'années de ce travail gigantesque, la terre avait durci et une couche d'eau était entre les deux coquilles. Cette eau était toujours en ébullition et la vapeur qui en sortait occasionnait des tremblements de terre qui la faisaient grossir.

Le sel est l'âme de la terre qui ne périt jamais et donne la vie aux animaux et aux plantes.

A cette époque, rien n'apparaissait encore à la surface de la terre, quand, peu de temps après, une masse informe ayant suivi le même chemin que la terre, heurta celle-ci à son pôle sud.

A ce choc formidable, la terre descendit dans l'espace pendant quelques secondes et, reprenant aussitôt sa marche, entraîna son satellite et le fit tourner dans le sens inverse (comme feraient deux engrenages droits accouplés); la lune étant plus grosse que la terre, met plus de temps à faire son tour sur elle-même; c'est cette différence de grosseur qui la fait retarder de trois quarts d'heure par jour. La lune est composée des mêmes matériaux et a les mêmes organes que la terre, elle sera habitée dans trois mille ans par des êtres comme nous et par la même création.

A ce formidable choc, la terre avait subi une transformation les eaux s'étaient retirées et les montagnes apparurent à la surface.

L'orifice du pôle sud en fut fermé, des matières lourdes, fondues, accumulées à cet endroit, forcèrent la terre à pencher; elle avait perdu son équilibre, ce qui lui fait faire aujourd'hui ce mouvement de va et vient d'un équateur à l'autre et qui forme les saisons.

Quarante millions d'années après cet événement, la terre grossissait, se fortifiait. Le pôle sud resta fermé et une plus grande ouverture se fit au pôle nord en forme de cornet absorbant.

Des volcans jaillirent alors de toutes parts, qui servirent de cheminées d'appel du foyer central. Quand un volcan se fermait, d'autres s'ouvraient par la force de la vapeur surchauffée, aidaient au feu central à perforer la couche, et les volcans se mettaient à vomir des matières de toutes sortes.

La terre en grand travail fit retirer les eaux qui formèrent de grands bassins à sa surface.

La surface de la terre se couvrait de montagnes se touchant toutes les unes aux autres, les plaines ont été formées par le lavage des cônes par les pluies fréquentes et par le vent, ce qui a formé les plaines d'alluvion, terre végétale.

Le vent, ce formidable agent de la nature, se forme au pôle nord, c'est le trop plein du cornet absorbant qui rejette cette masse par la force de sa vapeur.

Le foyer central, après avoir pris son nécessaire, fait tourbillonner le vent qui se refroidit par le courant et vient se répandre à la surface de la terre.

Après avoir fait le tour, il vient reprendre des forces électriques d'où il est parti. En observant la nature, on voit souvent et presque toujours un nuage qui va au pôle sud et dans un courant plus élevé on voit un nuage se diriger au pôle nord, c'est le retour du vent à son point de départ. La rose des vents n'est que la perturbation des vents qui se rencontrent.

Les hautes montagnes les divisent et ils finissent par se réunir pour revenir au pôle nord, ce qui donne cette grande attraction des aimants naturels par le courant électrique.

Après cent quarante millions d'années de ce travail gigantesque, la terre était formée et la lune, depuis quarante millions d'années, ne cesse de la suivre toujours dans le même ordre de choses actuel.

Les aérolithes sortent de l'orifice du pôle nord, ils sont projetés par la force de la vapeur dans l'espace ; les courants à leur sortie les entraînent et les divisent, la terre en tournant les attire à elle et ils tombent finalement un peu partout.

Les aurores boréales lumineuses qui apparaissent dans le ciel du côté du nord, sont des flammes projetées du foyer central à l'orifice du cornet absorbant par la force de la vapeur ; cette lumière s'arrête par intermittence pour laisser passage à l'oxygène qui alimente le foyer central. Les aurores australes, qui se manifestent de temps à autre dans les régions voisines du pôle sud, sont un reflet par les prismes nuageux qui, du pôle nord reflètent au pôle sud sa lumière, et au bout d'un moment disparaissent.

Au fur et à mesure que les volcans s'éteindront, les météores augmenteront de densité au pôle nord.

FÉCONDITÉ DE LA TERRE

La terre affermie, Dieu descendit dans une nuée avec sa céleste milice.

Voyant la terre prête à la création, il la bénit et lui confia le soin de se peupler des animaux et des plantes.

Après cette grande et solennelle bénédiction, Dieu se retira et la terre obéissante fit jaillir de toutes parts de ses entrailles des sources fécondes, des poissons de toutes espèces, grands et petits, se reproduisant; les mers en furent garnies en peu de temps.

Des sources spéciales donnèrent naissance aux animaux mâles et femelles et dans chaque zone des espèces particulières à la température. La végétation, ce mystère de la fécondité de la terre, se répandit partout où les sources, les rivières apportèrent la vie, la sève aux arbres, aux plantes, aux oiseaux; le vent fut chargé par la terre de transporter ses semences, des fougères et des graines d'arbres forestiers sur toute son étendue.

Des sources spéciales en fécondité donnèrent naissance à l'homme noir, aux singes, à des animaux monstrueux, ainsi qu'aux reptiles.

La terre encore en travail, des bouleversements terrestres eurent lieu, des crevasses immenses se refermèrent engloutissant dans ses entrailles des forêts, des animaux énormes qui n'avaient aucune agilité pour se sauver devant le danger qui les menaçait.

Les forêts englouties dans les crevasses par les tremblements de terre ont donné naissance aux mines de charbon de terre, la chaleur du foyer central distillant la sève des plantes mélangée avec la terre a formé les premières couches d'anthracite ; c'est pourquoi on trouve le charbon en couche horizontale et par filon variant d'épaisseur. Cette sève distillée donne aussi naissance au pétrole, au bitume, etc.

Quatre mille ans après ce travail, Dieu, en forme corporelle, apparut de nouveau sur la terre et admira son œuvre.

Il fit venir devant lui l'homme noir pour lui confier la direction terrestre, lui souffla dessus et lui donna l'âme de vie et de mort, la terre en sa fécondité n'ayant aucun pouvoir de donner l'âme aux créatures, chose réservée à Dieu créateur.

Dieu vit malgré cela son imperfection, le génie lui manquait ; il fit venir une troupe de singes de toutes tailles et les vit plus imparfaits que l'homme noir.

Dieu entra dans un verger complanté d'arbres à fruits et de toutes espèces, ses yeux se portèrent sur un petit lac, qu'une source d'eau limpide alimentait ; s'étant approché, il vit son visage. « Je vais créer l'homme roi des animaux à mon image », dit-il à haute voix. Prenant alors du limon du lac, il le pétrit et modela l'homme. Quand ce grand travail fut terminé, il lui souffla dans la bouche, lui donna la vie et la parole, le fit marcher et voyant que rien ne lui manquait, il l'appela Adam, ce qui signifie homme blanc.

Avec du même limon, il modela la femme dans toute sa perfection et sa beauté, lui souffla dans la bouche, lui donna la vie et la parole; il l'appela Ève, qui signifie blanche.

Elle alla, de son instinct naturel et craintif, demander à l'homme sa protection; à son tour, celui-ci la contempla avec admiration. Adam, à ce moment, sentit battre son cœur pour la première fois, et Ève, émotionnée, sentit également battre le sien.

I. LE PARADIS TERRESTRE

Le grand verger ombragé par des arbres à fruits, entre autres un figuier et une vigne à larges feuilles grimpée majestueusement dans ses branches, formaient un bosquet.

Dieu fit mettre Adam et Ève debout, à l'ombre du figuier et de la vigne.

Il contempla son œuvre, monta sur son trône dans une nuée avec sa céleste milice, dicta à l'homme ses commandements et la conduite à tenir en son passage sur la terre.

« Adam, je te fais roi de la terre, ta postérité dominera sur toute son étendue.

« Je t'ai créé avec ta compagne et t'ai donné une âme de vie et de mort, ton corps sera rendu à la terre, à laquelle il appartient.

« Écoute avec respect et attention ma volonté; je te donne tout pouvoir sur la terre, j'ai mis en ton cœur le bien et le mal afin que tu puisses être juge toi-même de ta conscience, l'amour et la vertu qui sont le chemin de la vie éternelle.

« Si tu te laisses aller au mal, tu auras un feu ardent dans ton cœur, qui te brûlera et te poursuivra jusqu'à ton dernier soupir, malgré tous les plaisirs que tu chercheras à te donner.

« Cette souffrance te sera telle, que tu demanderas ardemment la mort, afin d'être soulagé, et alors ton âme mourra avec toi dans la douleur et sans espérance.

« Si, au contraire, tu fais le bien et les choses justes que ta conscience jugera de faire, et si tu luttes contre le mal, à ta mort, tu auras une joie céleste, car je viendrai à toi recueillir ton âme, tu mourras avec un sourire sur les lèvres, qui est l'ineffable avant-goût des joies que je te réserve après ton passage sur la terre.

« Ne crains pas la mort, ne la cherche pas non plus, car je suis le maître des maîtres et le roi des rois.

« Chaque jour, tu m'adresseras une demande selon tes besoins, je te conduirai par la pensée en ton âme, tu sentiras en ton cœur un soulagement et tu auras la force et le courage de surmonter ta peine.

« Je laisse sur la terre un esprit de vie et de révélation ; ton esprit, qui veille sur ton corps endormi par la fatigue de tes travaux quotidiens, t'avertira des dangers que tu peux encourir, à toi de les traduire dans ta sagesse ; tu auras été averti par ton esprit, qui est mon souffle impalpable, invisible, et qui ne te quittera que le jour de ta mort ; cet esprit veille constamment, sans se lasser jamais, sur ton âme, qui transmet sa volonté à ton corps auquel ta matière obéit.

« Si tu veux voir ma grandeur, regarde la nature ; ta postérité couvrira la terre, chacun avec le même esprit de vie et de mort.

« Le pouvoir de pénétrer les mystères de ma création, cet esprit dont tu es toi-même animé, tu les transmettras à ta postérité ; et celui qui cherchera à pénétrer les mystères de la gormination et de la maturité des fruits ne doit voir que moi et la terre, qui est mon marche-pied, à qui est confié le soin de pourvoir à tous tes besoins matériels.

« Si, parfois, la terre te devenait ingrate, n'accuse que toi-même ; cherche et tu trouveras, car il n'y a rien à cacher dans la nature.

« Toi, femme, écoute aussi avec attention mes commande-ments ; c'est à la maternité et à ta postérité qu'il incombe de faire pénétrer dans le cœur de tes enfants, jusqu'à ce qu'ils soient devenus hommes, la joie de la famille et le respect envers moi, leur créateur.

« Apprends-leur dès leur bas âge le respect qu'ils doivent à leurs père et mère, afin qu'ils perpétuent à leur génération mes commandements.

« Écoute, femme, de ta postérité naîtra un homme auquel je donnerai tout pouvoir sur la terre ; il fera des miracles en mon nom ; il établira sur la terre des lois, des principes de Liberté, de Fraternité et de Charité, et c'est pourquoi je te recommande qu'il soit transmis de génération en génération jusqu'à l'arrivée du Messie.

« Lui seul aura le droit de parler en mon nom, et malheur à ceux qui le rejetteront, car ils ne connaîtront jamais la félicité et les joies du paradis où les âmes se réjouissent dans le corps des chérubins, dans un lieu que j'ai déjà préparé bien loin de la terre.

« Tu mettras au monde trois mâles et trois femelles qui for-meront trois peuples.

« Je viendrai dans quatorze mille ans recevoir les débris de la terre, qui éclatera ; par sa maturité, les volcans seront éteints.

« Une résurrection générale des âmes justes aura part à une réjouissance que je préparerai.

« Malheur aux âmes injustes qui auront rejeté mes commandements, car ils ne verront jamais la félicité que je vous réserve ; leur âme et leur corps périront dans les souffrances, selon leur mérite ; ils ne verront jamais ma face. »

«Dieu dit alors à Adam : « Voici, tout ce que j'ai créé t'appartient, je soumets toute la nature à ta volonté, c'est à toi de t'instruire de toute chose et de te rappeler que je suis ton maître. »

II. LE PARADIS TERRESTRE

RÉCEPTION DES ANIMAUX ; LEUR ESPRIT ENVERS L'HOMME

Dieu fit venir les animaux créés par la terre et les fit placer devant Adam, chacun dans son espèce mâle et femelle.

« Fais ton choix parmi ces animaux et prends ceux qui peuvent t'être utiles et pourvoir à tes besoins. Je les bénirai, afin qu'ils te soient soumis. »

Un chant harmonieux partit des airs dans toutes les directions ; chaque oiseau dans son langage faisait entendre sa joie et fêtait ainsi la bienvenue de l'homme sur la terre.

D'un signe de main, que fit Adam, les chanteurs s'arrêtèrent et la réception des animaux commença.

I

L'HOMME NOIR apparut le premier. — Maître, me voici, je viens à toi par une sympathie mystique m'attacher à ta personne, je suis de chair et d'os comme toi, et l'âme de vie et de mort vient de m'être donnée par Dieu créateur, ce qui fait que je sens en moi quelque chose qui me réjouit ; je suis sans génie, je reconnais en toi mon maître, je te serai soumis et dévoué, je travaillerai tes champs et t'apporterai les fruits de la terre. Commande, j'obéirai. — « Bien, passez à droite. »

« Maintenant, écoute et regarde avec ta femelle, les animaux que je vais choisir pour notre usage et que tu auras soin de garder et de faire paître, je te donne droit de vie et de mort sur eux. » L'homme noir se plaça derrière Adam, et sa femme derrière Ève, tous deux prêts à obéir au premier commandement.

II

Le Chien. — Maître, me voici, je suis agile, grand coureur, et sens de loin venir le danger, je te serai fidèle, je te suivrai partout où tu iras, je partagerai ta chasse, tes plaisirs, tes peines, je te préviendrai du danger que tu peux encourir.

— « Passez à droite. » Le chien vint alors se coucher aux pieds d'Adam et la chienne aux pieds d'Ève.

III

Le Cheval accourut en hennissant. — Maître, me voici, je suis sans volonté, parce que je ne sais où je vais dans ma course, je suis fort et vigoureux, je puis te porter avec toute la vitesse de mes jambes, je marcherai pour toi, je partagerai tes plaisirs, ta chasse, et aussi tes souffrances et tes peines, et j'obéirai à ta volonté.— « Soyez le bienvenu, passez à droite.»

IV

L'Ane apparut tout essoufflé du galop qu'il venait de faire, s'arrêta court devant Adam, plia sur ses jambes en signe de salut.

— Maître, me voici, je serai pour toi un fidèle serviteur, je porterai sur mon dos les petites charges que tu me confieras, je te serai utile, et sur ces dernières paroles, l'âne fit un salut, plia sur ses jambes, leva la queue, fit une pirouette et partit au galop, lançant dans les airs trois cris d'allégresse, et reparut, tout aussitôt, en s'arrêtant court devant Adam qui ne put retenir un éclat de rire qui partit de sa bouche pour la première fois.

— « Allez, passez à droite. » L'ânesse en entrant dans le verger se mit à braire avec une telle force, qu'elle en épouvanta les animaux qui attendaient la fin de la réception.

V

Le Bœuf. — Maître, me voici avec ma femelle qui a du lait en abondance pour te nourrir et te désaltérer au besoin; quant à moi, ma chair est bonne à manger, je vivrai près de toi, je te serai soumis; ne crains pas mes cornes qui sont mes défenses et ma force pour le travail, je me défends contre les animaux qui me poursuivent.— « Soyez les bienvenus, passez à droite.»

VI

L'Éléphant. — Maître, je me rends auprès de toi poussé par une inspiration mystique; vois combien je suis grand et fort, donne-moi un guide que je monterai avec ma trompe sur mon dos, j'irai où tu voudras, je combattrai avec toi et je te serai utile.

— « Passez à droite. » Sur le geste que lui fit Adam, l'éléphant salua avec sa trompe et passa, avec sa femelle, majestueusement devant le groupe qui les regardait avec épouvante en voyant de tels colosses.

VII

Le Mouton. — Maître, je suis doux et craintif, je suis d'une bonne chair, ma laine me garantit du froid, tu pourras toi-même t'en revêtir, je suis poursuivi à chaque instant par les carnassiers, je te demande ta protection pour les miens.
— « Passez à droite, j'aurai soin de vous. »

VIII

Le Bouc et la Chèvre. — Maître, nous habitons les hauts rochers, nous mangeons des herbes fines qui poussent sur les plus hautes montagnes, nous vivons où le mouton se meurt, et notre chair est bonne à manger. — « Passez à droite. »

IX

Le Chameau. — Me voici, Maître, avec ma femelle, je te serai utile pour traverser les plaines de sable du désert qui est proche d'ici ; j'ai été créé spécialement pour ce pays chaud ; j'emmagasine dans une poche qui se trouve dans mon estomac de l'eau pour au moins six jours de marche, je me désaltère pendant le voyage avec cette provision, je suis sobre, je me nourris de peu ; je suis fort et me couche à tes pieds pour me charger. Je suis obéissant et serai ton ami de voyage; je rumine ma nourriture, ce qui fait que je puis rester trois jours sans prendre aucune provision. J'ai le pied fourchu et ma chair est bonne à manger. « Levez-vous, et passez à droite. »

X

L'Autruche. — J'habite aussi le désert; c'est au sable brûlant que je confie les œufs à couver de ma femelle. Vois mes plumes, comme elles sont belles; tu peux t'en parer la tête. « Retourne en ton désert, qui est un lieu de sécurité pour toi, j'irai plus tard te chercher. »

Et l'autruche, afin de faire voir sa grande vitesse, écarta les ailes, et, d'un pas rapide comme l'éclair, disparut.

XI

Les Singes. — Toute une famille, grands et petits, mâles et femelles, se présentèrent à Adam; l'homme-singe fit signe qu'il voulait parler et ne put articuler un son; par leur pantomime et leurs grimaces, ils demandèrent à faire partie des animaux qui se trouvaient dans le verger. Adam, alors, leur fit signe de se retirer, les abandonnant au sort que la terre leur avait fait.

Les singes, en passant devant Adam et Ève, ne purent s'empêcher de les regarder et d'admirer leur prestance. Aussi, voyant leur infériorité, ils firent quelques grimaces et s'enfuirent dans les bois, errant sans but, sans espérance .

XII

LE SERPENT.— Se traînant sur le bout de sa queue, se tenant droit devant Ève, cherchant à la fasciner, admirant sa beauté ; la chienne qui était aux pieds d'Ève, ainsi que le chien, se levèrent pour protéger leur maîtresse ; mais Adam lui fit signe de passer à gauche, et le serpent s'enfuit en sifflant, se traînant dans la poussière.

XIII

LE LION, fort et agile, se faisant escorter d'une nombreuse suite d'animaux de son espèce, demanda, pour lui et pour les siens, d'être admis dans le verger. Adam les regarda, et les voyant tous mal intentionnés :

« Passez à gauche, leur dit-il, sinon vous serez châtiés. »

Le lion, la tête haute et fière, passa devant Adam, entraînant son royal cortège ; ils se mirent à errer sans but, se dispersant sur la terre, cherchant leur pâture par la chasse à l'homme et aux animaux domestiques. Le chat et la chatte profitent du moment d'arrêt pour se cacher et passer dans le verger, voulant, eux aussi, faire partie de la grande famille.

XIV

LE COQ arrive en chantant la troisième heure du jour (actuellement neuf heures du matin) avec sa poule : « Maître, me voici : j'ai été créé par les sources fécondes. Je chante cinq fois dans la journée pour t'annoncer les heures, et trois fois dans la nuit pour t'avertir que le temps passe. Ma femelle fait des œufs en abondance, elle les couve et fait éclore des petits que nous élèverons avec soin pour ta nourriture. Nous habiterons à côté de toi, tu nous protégeras contre les bêtes qui nous font la chasse. Je t'amène aussi avec moi des canards et des oies, avec lesquels nous vivons en bonne intelligence ; l'oie, qui a l'ouïe d'une grande finesse, nous avertit du danger qui nous menace à chaque instant. — « Passez à droite, je vous protégerai. »

XV

LE PAON et le DINDON. — Le paon, faisant la roue avec sa belle queue, et le dindon à gorge rouge demandent à faire partie de la grande famille et d'être protégés contre la chasse que leur font les animaux domestiques. — « Vous resterez près de moi, je vous protégeral. Passez à droite. »

III. LE PARADIS TERRESTRE

COMMENCEMENT DU MONDE

Adam et Ève.

Les oiseaux qui peuplent les airs voltigeaient, se suivant en forme d'une couronne au-dessus de leur tête, firent entendre leur concert harmonieux, chacun dans son langage, pour célébrer la fin de la réception des animaux. Par un fluide magnétique, un silence se fit, un calme régna dans la nature, et pendant ce temps :

« Ève recevait la clef des générations. »

Après ce moment solennel, le chant recommença à fêter, chacun dans sa manière, la gloire d'Adam ; les animaux s'appelaient dans leur langage pour fêter la bienvenue de l'homme sur la terre. « Le monde prenait vie. » Pendant ce chant étourdissant et les appels répétés des animaux qui étaient reçus à faire partie de la grande famille, Ève, profitant du vacarme et se voyant nue pour la première fois, prit un fil de jonc, se fit une ceinture de feuilles de vigne et une de feuilles de figuier pour son mari ; leur nudité couverte, ils se présentèrent devant Dieu. Par un signe que fit Adam, les chanteurs s'arrêtèrent et

Dieu, de son trône, se réjouit de son œuvre, il fit entendre sa voix; l'homme et les animaux écoutèrent avec calme et respect.

Dieu bénit la terre et toute sa création, et dit : « Allez, peuplez et multipliez. »

Un coup de tonnerre formidable se fit entendre, toute la terre trembla, et la nuée où Dieu créateur était assis avec sa céleste milice disparut, et tout entra dans l'ordre des choses actuel (c'était le sixième jour de la création d'Adam).

ÈRE CHRÉTIENNE

Quand Jésus-Christ a apparu sur la terre, le monde existait depuis environ quatre mille ans; toutes les erreurs s'étaient donné rendez-vous sur la terre; le polythéisme et la superstition avait peu à peu effacé chez les peuples la grande idée de Dieu; la corruption s'était glissée dans toutes veines du corps social, la morale était un mot, la philosophie un sophisme, l'égalité une ironie, la femme un jouet, la justice le droit du plus fort, le crime et le despotisme les seuls dominateurs universels. Tout était confondu et sans frein dans cet effroyable chaos, sans foi, sans principe, sans croyance, sans autorité. L'empire romain traînait ses riches lambeaux dans la fange et l'orgie; la terre tremblait sur ses fondements; les nations éperdues prêtaient l'oreille; la grande voix de saint Jean-Baptiste, venant de l'Orient, annonce que les temps étaient proches; une sympathie mystique unissait tous les esprits dans l'attente universelle; le monde appelait un Sauveur, le Messie devait naître ou la société devait mourir.

Dieu prit pitié de son œuvre et le genre humain fut sauvé.

LA VIE DE JÉSUS

Extrait des Évangiles

ANNONCIATION

Au Ch. Ier selon Saint Luc

Dieu envoya l'ange Gabriel dans une ville de Galilée appelée Nazareth à une vierge fiancée à un homme nommé Joseph, de la maison de David, et cette vierge s'appelait Marie et l'ange étant entré dans le lieu où elle était, lui dit : Je te salue, toi qui es rentrée en grâce, le Seigneur est avec toi, tu es bénie entre toutes les femmes ; et ayant vu l'ange, elle fut troublée de son discours. Alors, l'ange lui dit : Marie, ne crains point, car tu as trouvé grâce devant Dieu, et tu concevras et enfanteras un fils à qui tu donneras le nom de Jésus, il sera grand et sera appelé fils du Très-Haut et le Seigneur Dieu lui donnera le trône de David où il règnera éternellement. Alors Marie dit à l'ange : Comment cela se fait-il, puisque je ne connais point d'homme ? Et l'ange lui répondit : Le Saint-Esprit surviendra en toi et la vertu du Très-Haut te couvrira de son ombre : c'est pourquoi aussi le saint enfant qui naîtra de toi sera appelé le fils de Dieu ; et voilà, Elisabeth ta cousine a aussi conçu un fils en sa vieillesse et c'est ici le sixième mois de la grossesse de celle qui était appelée stérile ; car rien n'est impossible à Dieu. Et Marie dit : Voici la servante du Seigneur ; qu'il m'arrive selon ce que tu m'as dit. Alors l'ange se retira d'avec elle. Alors Marie se leva et s'en alla en diligence au pays des montagnes, dans une ville de la tribu de Juda et étant entrée dans la maison de Zacharie, elle salua Elisabeth et aussitôt qu'Elisabeth eût entendu la salutation de Marie, le petit enfant tressaillit dans son sein et Elisabeth fut remplie du Saint-Esprit, et élevant sa voix, elle s'écria : Tu es bénie entre toutes les femmes et le fruit que tu portes est béni, et d'où me vient ceci, que la mère de mon Seigneur vienne me visiter? Car la voix de la salutation n'a pas plutôt frappé mes oreilles, que le petit enfant a tressailli de joie dans mon sein, et heureuse est celle qui m'a cru, car les choses qui lui ont été dites de la part du Seigneur auront leur accomplissement.

CANTIQUE DE MARIE

Alors Marie dit : Mon âme magnifie le Seigneur et mon esprit se réjouit en Dieu qui est mon Sauveur.

Parce qu'il a regardé la bassesse de sa servante, et voici que désormais tous les âges m'appelleront bienheureuse.

Car le Tout-Puissant m'a fait de grandes choses, son nom est saint et sa miséricorde d'âge en âge est sur ceux qui le craignent.

Il a déployé avec puissance la force de son bras, il a dissipé les desseins que les orgueilleux formaient dans leur cœur.

Il a détrôné les puissants et il a élevé les petits, il a rempli de biens ceux qui avaient faim et il a renvoyé les riches à vide; se souvenant de sa miséricorde, il a pris en sa protection Israël, son serviteur ; comme il avait parlé à nos pères à Abraham et à sa postérité pour toujours.

« Et Marie demeura avec elle environ trois mois; puis elle s'en retourna en sa maison. »

CHAPITRE Ier

Naissance de Jean-Baptiste.

Elisabeth, femme de Zacharie, enfanta dans sa vieillesse un enfant qui fut nommé Jean par son père; l'ange Gabriel lui avait dit : Il sera grand devant le Seigneur, il ne boira ni vin ni cervoise, et il sera rempli du Saint-Esprit, il convertira les enfants d'Israël au Seigneur leur Dieu et marchera avec l'esprit devant Élie, pour tourner les cœurs des pères vers les enfants et les rebelles à la sagesse des justes, afin de préparer au Seigneur un peuple bien disposé, il prêchera dans le désert de Judée et disant au peuple : Amendez-vous, car le royaume des cieux est proche, préparez le chemin du Seigneur, dressez ses sentiers ; et Zacharie prophétisant dit : Et toi, petit enfant, tu seras appelé le prophète du souverain, car tu marcheras devant la face du Seigneur pour lui préparer ses voies, pour éclairer ceux qui demeurent sous les ténèbres.

CHAPITRE II

Naissance de Jésus-Christ.

Or, la naissance de Jésus-Christ arriva ainsi : Marie, sa mère, ayant été fiancée à Joseph, elle se trouva enceinte par la vertu du Saint-Esprit, avant qu'ils fussent ensemble.

Alors, Joseph, son époux, étant un homme de bien, ne voulant pas la diffamer, voulut la quitter secrètement.

Mais, comme il pensait à cela, un ange du Seigneur lui apparut en songe et lui dit : Joseph, fils de David, ne crains point de prendre Marie pour ta femme, car ce qu'elle a conçu est du Saint-Esprit.

Elle enfantera un fils et lui donnera le nom de Jésus, car c'est lui qui sauvera son peuple de leurs péchés; or, tout cela arriva afin que s'accomplît ce que Dieu avait dit à Adam et à Ève et par la voix des prophètes, voici : une vierge enfantera un fils et on le nommera Emmanuel, ce qui signifie : Dieu avec nous. Joseph donc, étant réveillé de son sommeil, fit comme l'ange Gabriel lui avait dit, il prit sa femme, mais il ne la connut point, jusqu'à ce qu'elle eût enfanté son fils premier-né.

En ce temps-là, on publia un édit de la part de César Auguste, pour faire un dénombrement des habitants de toute la terre que protégeait son épée ; le lieutenant de César exécuta les ordres de son maître ; ainsi tous allaient pour être enregistrés chacun dans sa ville.

Joseph aussi monta de Galilée en Judée, de la ville de Nazareth à la ville de David, nommée Bethléem, pour être enregistré avec Marie, son épouse, qui était enceinte, et pendant qu'ils étaient là, le temps auquel Marie devait accoucher arriva.

Elle mit au monde son fils premier-né, elle l'emmaillota et le coucha dans une crèche parce qu'il n'y avait point de place pour eux dans l'hôtellerie. Or, il y avait dans la même contrée des bergers qui couchaient aux champs et qui gardaient leur troupeaux pendant la nuit ; tout à coup un ange leur apparut et la gloire du Seigneur resplendit autour d'eux, et ils furent pris de peur.

Alors l'ange leur dit : N'ayez point peur, car je vous annonce une grande joie qui sera pour tout le peuple : c'est qu'aujourd'hui, dans la ville de David, le Sauveur, qui est le Christ, le Seigneur, vous est né, vous le reconnaîtrez à ceci : c'est que vous trouverez le petit enfant couché dans une crèche. Et au même instant il y eut une multitude de l'armée céleste louant Dieu, disant :

Gloire soit à Dieu au plus haut des cieux, paix sur la terre, bonne volonté envers les hommes. Les bergers se dirent les uns aux autres : Allons jusqu'à Bethléem et voyons ce qui est arrivé. Ils trouvèrent Marie et Joseph et le petit enfant qui était couché dans une crèche sur un peu de paille ; ayant vu le petit enfant, ils publièrent ce qu'ils avaient vu et entendu touchant le petit enfant, ils glorifiaient et louaient Dieu de ce qu'ils avaient vu le Seigneur.

Quand les huit jours furent accomplis, Joseph et Marie

vinrent à Jérusalem, l'enfant fut circoncis et appelé Jésus ; il y avait à Jérusalem un homme qui s'appelait Siméon, il attendait la consolation d'Israël, le Saint-Esprit était sur lui.

Il vint au temple par un mouvement de l'Esprit et comme le père et la mère apportaient l'enfant, Siméon le prit dans ses bras, bénit Dieu et dit : Seigneur, laisse aller maintenant ton serviteur en paix, selon ta parole, car mes yeux ont vu ton salut que tu as préparé pour être présenté à tous les peuples, pour être la lumière qui doit éclairer les nations. Siméon les bénit et dit à Marie : Voici, cet enfant est né pour être une occasion de chute et de relèvement et pour être en butte à la contradiction, et une épée te tranchera l'âme.

Jésus étant né à Bethléem au temps du roi Hérode, des mages vinrent de l'Orient à Jérusalem ; ils demandèrent où était le roi des Juifs qui est né. Nous avons vu son étoile en Orient et nous sommes venus l'adorer. Le roi Hérode l'ayant appris en fut troublé, fit assembler les scribes, leur demanda où le Christ devait naître. Il lui fut répondu : C'est à Bethléem, ville de Judée.

Alors Hérode fit appeler les mages en secret, leur demanda à quel temps ils avaient vu l'étoile et les envoya à Bethléem, et leur dit : Informez-vous exactement de ce petit enfant, faites-le-moi savoir afin que j'aille aussi l'adorer.

Les mages ayant ouï le roi s'en allèrent, l'étoile qu'ils avaient vue en Orient allait droit devant eux et s'arrêta où était le petit enfant ; ils entrèrent dans la maison et trouvèrent le petit enfant avec Marie sa mère, ils l'adorèrent en se prosternant et après avoir ouvert leur trésor, ils lui présentèrent des dons, de l'or, de l'encens et de la myrrhe.

Les mages ayant été divinement avertis par un songe

retournèrent en Orient par un autre chemin. Joseph eut un songe de prendre le petit enfant et sa mère et de fuir en Egypte et de se tenir là jusqu'à nouvel ordre du Seigneur.

Hérode, voyant que les mages s'était moqués de lui fut en colère et envoya des gens armés, il fit mettre à mort tous les enfants qui étaient dans Bethléem et dans tout le territoire depuis l'âge de deux ans et au-dessous.

Alors s'accomplit ce qui avait été dit par Jérémie, le prophète :

On a ouï dans Rama des cris, des pleurs, des lamentations et de grands gémissements, Rachel pleurant ses enfants, elle n'a pas voulu être consolée parce qu'ils n'étaient plus.

Après cette violence passée, Joseph prit le petit enfant et sa mère et alla demeurer à Nazareth ; l'enfant croissait et se fortifiait en esprit, en sagesse, la grâce de Dieu était sur lui.

CHAPITRE III

La Jeunesse de Jésus-Christ.

Quand Jésus eut atteint l'âge de douze ans, Joseph et Marie montèrent à Jérusalem selon la coutume de la fête.

Ils perdirent l'enfant dans la grande ville, ils le trouvèrent dans le temple, assis au milieu des docteurs, les écoutant et leur faisant des questions; tous ceux qui l'entouraient étaient ravis de sa sagesse et de ses réponses ; il s'en alla ensuite avec ses parents à Nazareth et il leur était soumis et sa mère conservait toutes ces choses dans son cœur.

Jésus croissait en sagesse, en stature et en grâce devant Dieu et devant les hommes.

CHAPITRE IV

Institution du Baptême.

En ce temps-là, Jean-Baptiste, fils de Zacharie et d'Elisabeth, sa mère, vint prêcher dans le désert de Judée, disant : Amendez-vous, car le royaume des cieux est proche ; c'est celui dont Élie le prophète a parlé, en disant : La voix de Celui qui crie dans le désert : préparez le chemin du Seigneur, dressez ses sentiers.

Or, ce Jean avait un habit de poil de chameau et une ceinture de cuir autour des reins et sa nourriture était de sauterelle et de miel sauvage. Alors, ceux de Jérusalem, de toute la Judée et de tous les pays des environs du Jourdain venaient à lui pour être baptisés et confessant leurs péchés. « Pour moi, je vous baptise d'eau ; mais il vient un autre qui est plus puissant que moi, et je ne suis pas digne de délier la courroie de ses souliers, c'est lui qui vous baptisera du Saint-Esprit et du feu. »

Alors Jésus vint de Galilée au Jourdin vers Jean pour être baptisé.

Mais Jean s'y opposait, disant : « C'est moi qui ai besoin d'être baptisé par toi et tu viens à moi ! » Jésus lui dit : « Ne t'y oppose pas pour le présent » et Jean ne s'y opposa plus ; alors

Jean baptisa Jésus au nom du Père, du Fils et du Saint-Esprit.

Pendant que Jésus priait, le Ciel s'ouvrit et le Saint-Esprit descendit sur lui sous forme corporelle d'une colombe, une voix du Ciel se fit entendre, disant : « C'est ici mon fils bien-aimé, en qui j'ai mis toute mon affection. » Après cela, Jésus s'en alla en Judée avec ses disciples, et il y demeura avec eux et y baptisait et faisait des miracles; le Saint-Esprit était sur lui (Jésus était alors âgé d'environ trente ans).

CHAPITRE V

Jésus prêche à Nazareth.

Jésus vint à Nazareth, où il avait été élevé ; il entra selon sa coutume le jour du Sabbat dans la synagogue, il se leva pour lire, on lui présenta le livre du prophète Esaïe et ayant ouvert le livre, il trouva l'endroit où il était écrit : « L'esprit du Seigneur est sur moi, c'est pourquoi il m'a oint, il m'a envoyé pour annoncer l'Évangile aux pauvres, pour guérir ceux qui ont le cœur brisé, pour publier la liberté aux captifs et le recouvrement de la vue aux aveugles, pour renvoyer libres ceux qui sont dans l'oppression et pour publier l'année favorable du Seigneur. » Ayant replié le livre, il le rendit au ministre, il s'assit et les yeux de tous ceux qui étaient dans la synagogue étaient arrêtés sur lui. Alors il commença à leur dire : « Cette parole de l'Écriture est accomplie »; tous lui rendaient témoignage et admiraient les paroles pleines de sagesse et de grâce qui sortaient de sa bouche.

Malgré cela, plusieurs d'entre eux se disaient : « D'où viennent, à cet homme cette sagesse et ces miracles; n'est-ce pas le fils du charpentier, sa mère ne s'appelle-t-elle pas Marie, et ses frères Jacques, Jose, Simon et Jude, et ses sœurs ne sont-elles pas toutes parmi nous ? D'où lui viennent donc toutes ces choses ? » De sorte qu'ils se scandalisaient de lui. Mais Jésus leur dit : « Nul n'est prophète dans son pays. » Il ne fit que peu de miracles à cause de leur incrédulité; après avoir salué sa famille, il partit de Nazareth.

CHAPITRE VI

Les Commandements de Dieu par la bouche de Jésus-Christ.

Écoute Israël : le Seigneur notre Dieu est le seul vrai Dieu.

Tu aimeras le Seigneur ton Dieu de tout ton cœur, de toute ton âme et de toute ta pensée; c'est là le premier et le plus grand commandement, et voici le second qui lui est semblable :

Tu aimeras ton prochain comme toi-même; toute la loi et les prophètes se réduisent à ces deux commandements.

CHAPITRE VII

Mission des douze Apôtres.

Jésus envoya ses douze disciples prêcher l'Évangile dans toutes les villes et leur donna ses ordres :

Instruisez les nations en mon nom ! Guérissez les malades, nettoyez les lépreux, ressuscitez les morts, chassez les démons.

Vous avez reçu ces dons gratuitement, donnez-les gratuitement et n'en faites pas une marchandise, ne prenez ni or ni argent dans vos ceintures, car l'ouvrier est digne de sa nourriture.

Vous serez heureux, lorsque, à cause de moi, on vous dira des injures, on vous persécutera et l'on dira faussement contre vous toutes sortes de mal.

Réjouissez-vous alors et tressaillez de joie, parce que votre récompense sera grande dans les cieux, car on a ainsi persécuté les prophètes qui ont été avant vous.

Ne pensez point que je sois venu pour abolir la loi ou les prophètes, je suis venu non pour les abolir, mais pour les accomplir.

Or, quand vous priez, n'usez pas de vaines redites, comme font les juifs debout dans les synagogues, car ils croient qu'ils seront exaucés en parlant beaucoup ; ne leur ressemblez donc pas. Vous donc, priez ainsi : « Notre père qui es aux cieux, ton nom soit sanctifié, ton règne vienne et ta volonté soit faite sur la terre comme au ciel; donne-nous notre pain quotidien, pardonne-nous nos péchés comme aussi nous pardonnons à ceux qui nous ont offensés et ne nous induis point dans la tentation, mais délivre-nous du mal, car à toi appartiennent le règne, la puissance et la gloire à jamais! Amen. »

Gardez-vous des faux prophètes qui viendront après moi, vous les reconnaîtrez à leurs œuvres.

Mais donnez-vous de garde des hommes, car ils vous livreront aux tribunaux et ils vous feront fouetter dans les synagogues et tout cela à cause de moi, pour me rendre témoignage devant eux et devant les nations. »

CHAPITRE VIII

Le Jour du Sabbat.

Jésus passa un jour du sabbat dans les blés et ses disciples ayant faim se mirent à arracher des épis et en mangèrent; les pharisiens voyant cela lui dirent : « Voilà tes disciples qui font ce qui n'est pas permis de faire le jour du sabbat. » Jésus leur dit. « Il y a ici quelqu'un qui est plus grand que le temple.

« Que si vous saviez ce que signifient ces paroles : Je véux la miséricorde et non pas le sacrifice, vous n'auriez pas condamné ceux qui ne sont pas coupables.

« Ce n'est pas ce qui entre dans la bouche qui souille l'homme, mais c'est ce qui sort de la bouche qui le souille, c'est ce qui vient du cœur. »

Jésus leur dit : « Toutes choses m'ont été données par mon père et nul ne connaît le fils que le père et nul ne connaît le père que le fils et celui à qui le fils aura voulu le faire connaître.

« Venez à moi vous tous qui êtes travaillés et chargés, je vous soulagerai.

« Chargez-vous de mon joug et apprenez de moi que je suis doux et humble de cœur et vous trouverez le repos de vos âmes, car mon joug est aisé et mon fardeau léger. »

Et comme Jésus parlait encore au peuple, sa mère et ses frères qui étaient venus demandèrent à lui parler ; quelqu'un lui dit : — Voilà ta mère et tes frères qui sont là et qui demandent à te parler.

Mais il répondit à celui qui lui avait dit cela ; — Qui est ma mère et qui sont mes frères ? Et étendant la main sur ses disciples, il dit : — Voici ma mère et mes frères, car quiconque fera la volonté de mon père qui est aux cieux, c'est celui-là qui est mon frère et ma sœur et ma mère.

CHAPITRE IX

La Résurrection de Lazare.

Marthe et Marie, sœurs de Lazare, envoyèrent dire à Jésus : Seigneur, celui que tu aimais est mort.

Marthe dit à Jésus : Si tu eusses été ici, mon frère ne serait pas mort.

Jésus lui dit : Je suis la résurrection et la vie, celui qui croit en moi vivra éternellement et quiconque vit et croit en moi sera sauvé.

Jésus arrivant au sépulcre dit : — Otez la pierre, et Jésus élevant les yeux au ciel dit : — Mon père je te rends grâce de ce que tu m'as exaucé. Quand il eut dit cela, il cria à haute voix :

« Lazare, lève-toi ». et le mort sortit ; plusieurs Juifs qui étaient venus voir ce que Jésus avait fait, crurent en lui ; d'autres disaient entre eux : Mais quel est cet homme qui ressuscite les morts ? et Jésus leur dit :

Je suis l'alpha et l'oméga, le premier et le dernier, le commencement et la fin.

CHAPITRE X

Entrée de Jésus à Jérusalem.

Comme ils approchaient de Jérusalem, Jésus envoya deux disciples, leur disant : Allez à la bourgade qui est devant vous, vous y trouverez un ânon, détachez-le et amenez-le moi. Les disciples amenèrent l'ânon, mirent leurs vêtements dessus et l'y firent asseoir.

Alors des gens en grand nombre étendaient leurs vêtements en avant sur le chemin et d'autres coupaient des palmes et des branches d'olivier et les étendaient par les chemins ; ceux qui suivaient criaient, disant : Hosanna, hosanna, fils de David, béni soit celui qui vient au nom du Seigneur ! Paix sur la terre, bonne volonté envers les hommes.

Jésus entra dans le temple et il chassa tous ceux qui vendaient et qui achetaient, en leur disant : Hors d'ici, vous tous qui faites métier d'iniquité ; de la maison de mon père, vous en avez fait une caverne de voleurs, car ce lieu est appelé maison de prières et vous en avez fait un vaste marché.

Les scribes et les sacrificateurs, voyant cette autorité, cherchèrent le moyen de le faire périr ; pour le surprendre, un Hérodien lui dit : — Est-il permis de payer le tribut à César ou non ? — Hypocrite, pourquoi me tentez-vous ? Montrez-moi la monnaie dont on paye le tribut.

Jésus leur dit : — De qui sont cette image et cette inscription ? Ils lui dirent : — De César.

— Alors rendez à César ce qui appartient à César et à Dieu ce qui appartient à Dieu.

A cette réponse, ils l'admirèrent et s'en allèrent.

CHAPITRE XI

La Pâque et la Sainte Cène instituée.

Jésus dit à ses disciples : — Vous savez que la Pâque se fera dans deux jours et que le Fils de l'Homme sera livré pour être crucifié.

A ce moment les principaux sacrificateurs, les scribes, les sénateurs s'assemblèrent dans la salle du souverain sacrificateur nommé Caïphe, ils délibérèrent de se saisir de Jésus par adresse pour le faire mourir.

Alors un des douze apôtres, appelé Judas Iscariote, alla vers les sacrificateurs et leur dit : Combien me donnez-vous, je vous livrerai Jésus ? On lui donna 30 deniers d'argent. Quand le soir fut venu, Jésus vint avec ses douze apôtres chez l'ami Siméon qui avait préparé la Pâque, dans une chambre haute et bien meublée. Comme ils étaient à table, Jésus dit : Je vous dis, en vérité, que l'un de vous qui met la main au plat avec moi me trahira, et chacun de se récrier : Ce n'est pas moi.

LA SAINTE CÈNE INSTITUÉE

A la fin du repas, Jésus prit du pain et ayant rendu grâce, il le rompit et le leur donna en disant : Prenez, mangez, ceci est mon corps qui est donné pour vous.

« Faites ceci en mémoire de moi. »

Il prit la coupe et ayant rendu grâce il leur dit : Prenez buvez, ceci est mon sang, le sang de la nouvelle alliance qui est répandu pour vous.

« Faites ceci en mémoire de moi. »

Je serai toujours présent jusqu'à la fin des siècles. Amen.

CHAPITRE XII

Sur la montagne des Oliviers.

Jésus et ses disciples, après le repas solennel et après la grande prière, montèrent sur la montagne des Oliviers.

Jésus dit : Mon âme est saisie de tristesse jusqu'à la mort ; demeurez ici avec moi. Jésus alla un peu plus avant, il se jeta le visage contre terre, priant et disant : Mon Père, que cette coupe passe loin de moi ! Puis il vint vers ses disciples, il les trouva endormis, il dit à Pierre : — Est-il possible que vous n'ayez pu veiller une heure avec moi ? Levez-vous, voici venir celui qui me trahit. Une troupe de gens armés d'épées et de bâtons vint, conduite par Judas Iscariote, et qui leur dit : Celui que je baiserai c'est lui, saisissez-le. Judas s'approcha : — Maître, je te salue, et il le baisa.

Jésus dit à cette troupe : — Vous êtes sortis avec des épées et des bâtons comme après un brigand pour me prendre.

J'étais tous les jours assis parmi vous, enseignant dans le temple et vous ne m'avez pas saisi.

La troupe emmena Jésus et ses disciples l'abandonnèrent et s'enfuirent. Pierre le suivit de loin jusqu'à la cour des souverains, s'assit avec les officiers pour voir quelle en serait la fin, il fut reconnu et pendant trois fois, il renia Jésus et le coq chanta. Alors Pierre se souvint que Jésus lui avait prédit qu'il le renierait trois fois avant que le coq eût chanté. Pierre sortit et pleura amèrement; Jésus fut la risée des gardes et toute la nuit il subit des humiliations.

CHAPITRE XIII

Jésus devant Ponce-Pilate.

Dès que le matin fut venu, les principaux sacrificateurs et les sénateurs tinrent conseil pour faire mourir Jésus, qui était un obstacle à leur souveraineté; l'ayant fait lier ils l'emmenèrent à Ponce-Pilate, gouverneur, qui l'interrogea en lui disant : — Es-tu le roi des juifs? Jésus répondit : — Tu l'as dit. Le gouverneur avait coutume à chaque fête de Pâques de relâcher au peuple celui des prisonniers qu'il voulait ; comme ils étaient assemblés, Pilate leur dit : — Lequel voulez-vous que je vous relâche, Barabas ou Jésus qu'on appelle le Christ? — Nous voulons Barabas, crie le peuple. Pilate leur dit : — Que ferai-je de Jésus? Tous dirent : — Qu'il soit crucifié ! — Mais quel mal a-t-il fait? Ils crièrent encore plus fort : — Qu'il soit crucifié !

Pilate se lava les mains disant : — Je suis innocent du sang du juste et le peuple répondit : — Que son sang tombe sur nous et sur nos enfants ; alors Pilate leur lâcha Barabas, fit fouetter Jésus et il le livra pour être crucifié.

Il fut chargé de sa croix, alors Jésus dit aux Juifs : — Vous n'aurez plus de royaume à vous, vous serez errants sur toute la terre et tous les peuples civilisés vous cracheront au visage à cause de moi ; et depuis dix-huit siècles les Juifs portent la croix de Jésus.

CHAPITRE XIV

Le Calvaire.

Jésus portant sa croix, vint au lieu dit le Calvaire qui se nomme en hébreu Golgotha ; ils le crucifièrent entre deux brigands. Pilate lui fit mettre un écriteau au-dessus de sa tête en hébreu, en grec et en latin :

« Jésus de Nazareth, roi des juifs. »

Il était environ la sixième heure du jour et jusqu'à la neuvième heure il fit du brouillard ; le ciel, effrayé par ce crime, se voilait de tempête, la terre tremblait, le voile du temple se déchirait en deux, le soleil s'éclipsait et le Calvaire se fendait : — Mon père, je remets mon esprit entre tes mains. Il expira à la neuvième heure, actuellement trois heures après-midi ; le peuple qui était assemblé à ce spectacle, voyant les choses qui étaient arrivées, s'en retournait en se frappant la poitrine.

CHAPITRE XV

La Résurrection de Jésus-Christ.

Joseph d'Arimathie, qui était disciple de Jésus-Christ, pria Pilate qu'il pût ôter le corps de Jésus de dessus la croix. Pilate le lui permit. A l'endroit, où il avait été crucifié, il y avait un jardin et un sépulcre neuf, taillé dans le rocher ; ils y mirent Jésus enveloppé de linge blanc avec des drogues aromatiques.

Le premier jour de la semaine commençait à luire, il se fit un grand tremblement de terre, les préposés à la garde du sépulcre se prirent de frayeur, se couvrant de leurs vêtements ils s'écriaient dans leur terreur intelligente : — Oh ! celui-là était vraiment un Dieu.

Jésus sortit du tombeau le troisième jour, le dimanche matin et monta au ciel auprès de son Père céleste.

(Jésus était âgé de trente-trois ans.)

Les hommes témoins de ce crime ont transmis à leur génération, soit par écrit soit par mémoire, la vie de Jésus-Christ dont l'histoire est incontestable, qui a fondé ici-bas la civilisation sur les principes de Liberté, d'Égalité et de Charité.

Ed. FAYET.

NOTES DE L'AUTEUR

Étant prouvé que la terre est ronde, le déluge n'a jamais existé que dans la légende de Noë dans l'arche ; qu'il y ait eu un cataclysme à cette époque, c'est probable, c'est même incontestable, puisque la science donne l'époque diluvienne et antidiluvienne, pour marquer le temps, comme le tremblement de terre qui, faisant jaillir des eaux et du pétrole en flammes, détruisit Sodome à son passage et ensevelit Gomorrhe, villes construites en face l'une de l'autre sur les flancs des collines, dans la vallée de Siddim qui a formé depuis la mer Caspienne et à la surface de laquelle une couche de pétrole est en exploitation. De nos jours, quand la mer est calme et par un temps clair, on aperçoit encore Sodome et Gomorrhe au fond de l'eau. Les Persans, en réjouissance publique, choisissaient un vent favorable et mettaient le feu au pétrole qui est toujours à la surface de l'eau ; des flammes d'une hauteur prodigieuse s'élevaient au ciel, et le peuple, de voir cette mer en feu poussait des cris de joie.

La légende de Josué arrêtant le soleil et la lune pour finir d'exterminer les Philistins n'est pas plus véridique que tout ce qui a été écrit de ce genre, ce sont des légendes qui ont été racontées de génération en génération et finalement enregistrées dans la Bible comme véridiques.

La religion juive a pour guide un livre religieux qu'on appelle Talmud, extrait des principaux passages de la *Bible*.

La religion chrétienne a pour guide le Nouveau Testament de Notre-Seigneur Jésus-Christ ; il n'a aucune ressemblance avec le Talmud.

La fécondité de la terre de nos jours.

Il existe encore actuellement des sources fécondes dans le lac Zirknitz, en Carniole, province de l'Autriche, chef-lieu Trieste, une nappe d'eau souterraine à niveau variable ; il est un orifice par lequel il sort des canards du lac souterrain ; ces canards, au moment où le flux liquide les fait pour ainsi dire jaillir à la surface de la terre, nagent bien ; ils sont complètement aveugles et presque entièrement nus ; la faculté de voir leur vient en peu de temps, mais ce n'est guère qu'au bout de deux à trois semaines que leurs plumes toutes noires, excepté sur la tête, ont assez poussé pour qu'ils puissent s'envoler.

Les paysans pêchent des anguilles, des brochets énormes et chassent le canard. Ce phénomène avait vivement attiré l'attention des anciens devant ces sources fécondes, dont plusieurs existent encore de nos jours sur différents points du globe.

TABLE

Paris. — Imprimerie PAUL DUPONT, 4, rue du Bouloi.